Is liomsa an leabhar seo:

_____

Leagan do pháistí 4 – 7 é seo

An leagan Béarla
Ladybird Books Ltd, 80 Strand, Londain WC2 ORL a chéadfhoilsigh
© Téacs: Ladybird Books 1998
Gach ceart ar cosaint
An leagan Gaeilge
© Foras na Gaeilge, 2004

ISBN 1-85791-500-3

Printset & Design Teo. a chuir suas an cló i mBaile Átha Cliath.
Arna chlóbhualadh san Iodáil ag Lego Teo. (Vicenza).

Le fáil ar an bpost uathu seo:

An Siopa Leabhar,   *nó*   An Ceathrú Póilí,
6 Sráid Fhearchair,   Cultúrlann Mac Adam–Ó Fiaich,
Baile Átha Cliath 2.   216 Bóthar na bhFál,
ansiopaleabhar@eircom.net   Béal Feirste BT12 6AH.
                                      acpoili@mail.portland.co.uk

Orduithe ó leabhardhíoltóirí chuig:
Áis,
31 Sráid na bhFíníní,
Baile Átha Cliath 2.
eolas@forasnagaeilge.ie

An Gúm, 24-27 Sráid Fhreidric Thuaidh, Baile Átha Cliath 1

Na Trí Ghabhar Chliste

Graham Percy *a mhaisigh*

Treasa Ní Ailpín *a rinne an leagan Gaeilge*

G AN GÚM
Baile Átha Cliath

Séimín
an gabhar beag

Jimín
an gabhar mór

Séamas
an gabhar mór láidir

4

An Troll

An féar glas

An Droichead

5

'Tá ocras orm,'
arsa Séimín,
an gabhar beag.

'Íosfaidh mé
an féar glas
atá thall ansin.'

Trup, trap!

Thar an droichead!

Trup, trap, trup!

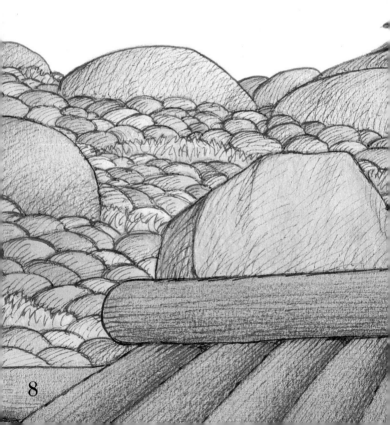

'Ó, ní bheidh ocras
ormsa inniu,'
arsa an Troll.

'Íosfaidh mé Séimín,
an gabhar beag.'

10

'Á, ná bac liomsa,'
arsa Séimín,
an gabhar beag.

'Féach!
Tá Jimín,
an gabhar mór,
ag teacht.

'Tá ocras orm,'
arsa Jimín,
an gabhar mór.

'Íosfaidh mé
an féar glas
atá thall ansin.'

Trup trap

Trup trap

Trup trap

13

'Ó, ní bheidh ocras ormsa inniu,' arsa an Troll.

'Íosfaidh mé Jimín, an gabhar mór.

'Á, ná bac liomsa,'
arsa Jimín,
an gabhar mór.

'Féach!
Tá Séamas,
an gabhar mór láidir,
ag teacht.'

'Tá ocras orm,'
arsa Séamas,
an gabhar mór láidir.

'Íosfaidh mé
an féar glas
atá thall ansin.'

Trup trap

Trup trap

Trup trap

'Ó, ní bheidh ocras
ormsa inniu,'
arsa an Troll.

'Íosfaidh mé Séamas,
an gabhar mór láidir.

'Ní íosfaidh,
a bhulaí mhóir,'
arsa Séamas,
an gabhar mór láidir.

'Ní bheidh ocras arís ort,' arsa Séamas, an gabhar mór láidir.

SPLAIS!!!

Maidir leis an tsraith seo leabhar

Leaganacha simplí de sheanscéalta atá sa tsraith seo leabhar a scríobhadh do pháistí atá ag foghlaim na léitheoireachta.

Oireann na leabhair seo do pháistí a bhfuil roinnt focal simplí ar eolas acu agus atá ábalta abairtí gearra a léamh cheana féin. Cuideoidh an t-athrá leo líofacht a bhaint amach sa léitheoireacht. Spreagfaidh na pictiúir spéis na bpáistí sa scéal agus cuideoidh siad leo an téacs a thuiscint.

De réir mar a rachaidh páistí trí na leabhair aithneoidh siad na focail agus na habairtí atá á n-athrá. Is féidir le duine fásta cuidiú leo trína n-aird a tharraingt ar thúslitreacha na bhfocal agus trí fhuaim na litreacha a dhéanamh dóibh. Foghlaimeoidh na páistí na fuaimeanna de réir a chéile.

Teastaíonn cuidiú agus spreagadh ó léitheoirí nua.